열두 개의 달 시화집 플러스 九月
오늘도 가을바람은 그냥 붑니다

■ 일러두기
시인 고유의 필치(筆致)를 살리기 위해 표기와 맞춤법은 되도록 초판본을 따랐습니다.

열두 개의 달 시화집 플러스 九月.

오늘도 가을바람은 그냥 붑니다

윤동주 외 지음 ― 카미유 피사로 그림

CAMILLE PISSARRO

차례

- 一편. 소년 _ 윤동주
- 二편. 코스모스 _ 윤동주
- 三편. 가을날 _ 라이너 마리아 릴케
- 四편. 그 여자(女子) _ 윤동주
- 五편. 오늘 문득 _ 강경애
- 六편. 그네 _ 장정심
- 七편. 창(窓) _ 윤동주
- 八편. 비둘기 _ 윤동주
- 九편. 마음의 추락 _ 박용철
- 十편. 언니 오시는 길에 _ 김명순
- 十一편. 고향 _ 백석
- 十二편. 귀뚜라미와 나와 _ 윤동주
- 十三편. 하이쿠 _ 오시마 료타
- 十四편. 이것은 인간의 위대한 일들이니 _ 프랑시스 잠
- 十五편. 먼 후일 _ 김소월

十六日。 비오는 거리 _이병각
十七日。 가을밤 _윤동주
十八日。 남쪽 하늘 _윤동주
十九日。 향수(鄕愁) _정지용
二十日。 고향집 - 만주에서 부른 _윤동주
二十一日。 벌레 우는 소리 _이장희
二十二日。 하이쿠 _다카라이 기카쿠
二十三日。 가을밤 _이병각
二十四日。 거리에서 _윤동주
二十五日。 사개 틀린 고풍의 툇마루에 _김영랑
二十六日。 나의 집 _김소월
二十七日。 하이쿠 _이즈미 시키부
二十八日。 오-매 단풍 들것네 _김영랑
二十九日。 한동안 너를 _고석규
三十日。 달을 잡고 _허민

9월의 화가와 시인 이야기 101

소년

윤동주

여기저기서 단풍잎 같은 슬픈 가을이 뚝뚝 떨어진다. 단풍잎 떨어져 나온 자리마다 봄을 마련해 놓고 나뭇가지 위에 하늘이 펼쳐 있다. 가만히 하늘을 들여다보려면 눈썹에 파란 물감이 든다. 두 손으로 따뜻한 볼을 쓸어보면 손바닥에도 파란 물감이 묻어난다. 다시 손바닥을 들여다본다. 손금에는 맑은 강물이 흐르고, 맑은 강물이 흐르고, 강물 속에는 사랑처럼 슬픈 얼굴—아름다운 순이의 얼굴이 어린다. 소년은 황홀히 눈을 감아 본다. 그래도 맑은 강물은 흘러 사랑처럼 슬픈 얼굴—아름다운 순이의 얼굴은 어린다.

코스모스

                                    윤동주

청초(淸楚)한 코스모스는
오직 하나인 나의 아가씨,

달빛이 싸늘히 추운 밤이면
옛 소녀(少女)가 못 견디게 그리워
코스모스 핀 정원(庭園)으로 찾아간다.

코스모스는
귀또리 울음에도 수줍어지고,

코스모스 앞에선 나는
어렸을 적처럼 부끄러워지나니,

내 마음은 코스모스의 마음이오
코스모스의 마음은 내 마음이다.

가을날

라이너 마리아 릴케

주여, 때가 왔습니다. 여름은 참으로 위대했습니다.
당신의 그림자를 태양 시계 위에 던져 주시고,
들판에 바람을 풀어놓아 주소서.

마지막 열매들이 탐스럽게 무르익도록 명해 주시고,
그들에게 이틀만 더 남국의 나날을 베풀어 주소서,
열매들이 무르익도록 재촉해 주시고,
무거운 포도송이에 마지막 감미로움이 깃들이게 해주소서.

지금 집 없는 사람은, 이제 집을 지을 수 없습니다.
지금 홀로 있는 사람은 오래오래 그러할 것입니다.
깨어서, 책을 읽고, 길고 긴 편지를 쓰고,
나뭇잎이 굴러갈 때면, 불안스레
가로수길을 이리저리 소요할 것입니다.

Herbsttag

Rainer Maria Rilke

Herr, es ist Zeit. Der Sommer war sehr groß.
Leg deinen Schatten auf die Sonnenuhren,
und auf den Fluren lass die Winde los.

Befiehl den letzten Früchten, voll zu sein;
gib ihnen noch zwei südlichere Tage,
dränge sie zur Vollendung hin, und jage
die letzte Süße in den schweren Wein.

Wer jetzt kein Haus hat, baut sich keines mehr.
Wer jetzt allein ist, wird es lange bleiben,
wird wachen, lesen, lange Briefe schreiben
und wird in den Alleen hin und her
unruhig wandern, wenn die Blätter treiben.

그 여자(女子)

윤동주

함께 핀 꽃에 처음 익은 능금은
먼저 떨어졌습니다.

오늘도 가을바람은 그냥 붑니다.

길가에 떨어진 붉은 능금은
지나는 손님이 집어 갔습니다.

오늘 문득

강경애

가을이 오면은
내 고향 그리워
이 마음 단풍같이
빨개집니다.

오늘 문득 일어나는 생각에 이런 노래를 적어보았지요.

그네

장정심

높다란 저 나뭇가지에
굵다란 밧줄을 느러매고
서늘한 그늘 잔디 우에서
새와 같이 가벼웁게 난다

앞으로 올제 앞까지 차고
뒤로 지나갈제 뒷까지 차니
비단치마 바람에 날리는 소리
시원하고 부드럽게 휘 — 휘 —

나실 나실하는 머리카락
살랑 설렁하는 옷고름 옷자락
해슬 헤슬하는 치마폭자락
하늘 하늘하게 날샌 몸을 날린다

늘었다 줄었다
머질 줄 모르고 잘도 난다
꽃들은 웃고 새들은 노래하니
추천하는 저 광경이 쾌락도하다

창(窓)

윤동주

쉬는 시간(時間)마다
나는 창(窓)녘으로 갑니다.

―창(窓)은 산 가르침.

이글이글 불을 피워주소,
이 방에 찬 것이 서립니다.

단풍잎 하나
맴도나 보니
아마도 자그마한 선풍(旋風)이 인 게외다.

그래도 싸느란 유리창에
햇살이 쨍쨍한 무렵,
상학종(上學鐘)이 울어만 싶습니다.

비둘기

윤동주

안아보고 싶게 귀여운
산비둘기 일곱 마리
하늘 끝까지 보일 듯이 맑은 주일날 아침에
벼를 거두어 빽빽한 논에서
앞을 다투어 요를 주으며
어려운 이야기를 주고 받으오.

날씬한 두 나래로 조용한 공기를 흔들어
두 마리가 나오.
집에 새끼 생각이 나는 모양이오.

마음의 추락

박용철

천길 벼랑 끝에 사십도 넘어 기울은 몸
하는 수 없이 나는 거꾸러져 떨어진다
사랑아 너의 날개에 나를 업어 날아올라라.

막아섰던 높은 수문 갑자기 자취 없고
백척수(면) 차[百尺水(面) 差]를 내 감정은 막 쏟아진다
어느 때 네 정(情)의 수면이 나와 나란할 꺼나.

언니 오시는 길에

김명순

언니 오실 때가
두벌 꽃 필 때라기에
빨간 단풍잎을 따서
지나실 길가마다 뿌렸더니
서리 찬 가을바람이 넋 잃고
이리저리 구릅디다

떠났던 마음 돌아오실 때가
물 위의 얼음 녹을 때라기에
애타는 피를 뽑아서
쌓인 눈을 녹였더니
마저 간 겨울바람이 취해서
또 눈보라를 칩디다

언니여 웃지 않으십니까
꽃 같은 마음이 꽃 같은 마음이
이리저리 구르는 대로
피 같은 열성이 오오 피 같은 열성이
이리저리 깔린 대로
이 노래의 반가움이 무거운 것을

고향

백석

나는 북관(北關)에 혼자 앓아 누워서
어느 아침 의원(醫員)을 뵈이었다.
의원은 여래(如來) 같은 상을 하고
관공(關公)의 수염을 드리워서
먼 옛적 어느 나라 신선 같은데
새끼손톱 길게 돋은 손을 내어
묵묵하니 한참 맥을 짚더니
문득 물어 고향(故鄕)이 어데냐 한다.
평안도 정주라는 곳이라 한즉
그러면 아무개 씨 고향이란다.
그러면 아무개 씨 아느냐 한즉
의원은 빙긋이 웃음을 띠고
막역지간(莫逆之間)이라며 수염을 쓴다.
나는 아버지로 섬기는 이라 한즉
의원(醫員)은 또다시 넌지시 웃고
말없이 팔을 잡아 맥을 보는데
손길이 따스하고 부드러워
고향도 아버지도 아버지의 친구도 다 있었다.

귀뚜라미와 나와

　　　　　　　　　　　　윤동주

귀뚜라미와 나와
잔디밭에서 이야기했다.

귀뜰귀뜰
귀뜰귀뜰

아무에게도 알으켜 주지 말고
우리 둘만 알자고 약속했다.

귀뜰귀뜰
귀뜰귀뜰

귀뚜라미와 나와
달 밝은 밤에 이야기했다.

아무 말 없네
손님도 주인도
흰 국화꽃도

十三日

ものいはず客と亭主(あるじ)と白菊(しらぎくと)

오시마 료타

이것은 인간의 위대한 일들이니

프랑시스 잠

이것은 인간의 위대한 일들이니
나무병에 우유를 담는 일,
꼿꼿하고 살갗을 찌르는 밀 이삭들을 따는 일,
신선한 오리나무 옆에서 암소들을 지키는 일,
숲의 자작나무들을 베는 일,
경쾌하게 흘러가는 시내 옆에서 버들가지를 꼬는 일,
어두운 벽난로와, 옴 오른 늙은 고양이와, 잠든 티티새와,
즐겁게 노는 어린 아이들 옆에서
낡은 구두를 수선하는 일,
한밤중 귀뚜라미들이 시끄럽게 울 때
처지는 소리를 내며 베틀을 짜는 일,
빵을 만들고, 포도주를 만드는 일,
정원에 양배추와 마늘을 심는 일,
그리고 따뜻한 달걀을 거두어들이는 일.

Ce Sont Les Travaux

                                              Francis Jammes

Ce sont les travaux de l'homme qui sont grands:
celui qui met le lait dans les vases de bois,
celui qui cueille les épis de blé piquants et droits,
celui qui garde les vaches près des aulnes frais,
celui qui fait saigner les bouleaux des forêts,
celui qui tord, près des ruisseaux vifs, les osiers,
celui qui raccommode les vieux souliers
près d'un foyer obscur, d'un vieux chat galeux,
d'un merle qui dort et des enfants heureux;
celui qui tisse et fait un bruit retombant,
lorsque à minuit les grillons chantent aigrement;
celui qui fait le pain, celui qui fait le vin,
celui qui sème l'ail et les choux au jardin,
celui qui recueille les oeufs tièdes.

먼 후일

김소월

먼 훗날 당신이 찾으시면
그때에 내 말이 잊었노라

당신이 속으로 나무라면
무척 그리다가 잊었노라

그래도 당신이 나무라면
믿기지 않아서 잊었노라

오늘도 어제도 아니 잊고
먼 훗날 그때에 잊었노라

비오는 거리

이병각

저무는 거리에
가을 비가 나린다.

소리가 없다.

혼자 거닐며
옷을 적신다.

가로수 슬프지 않으냐
눈물을 흘린다.

가을밤

윤동주

궂은 비 나리는 가을밤
벌거숭이 그대로
잠자리에서 뛰처나와
마루에 쭈그리고 서서
아이ㄴ양 하고
쏴—— 오줌을 쏘오.

남쪽 하늘

윤동주

제비는 두 나래를 가지었다.
시산한 가을날—

어머니의 젖가슴이 그리운
서리 나리는 저녁—
어린 영(靈)은 쪽나래의 향수를 타고
남쪽 하늘에 떠돌 뿐—

향수(鄕愁)

정지용

넓은 벌 동쪽 끝으로
옛이야기 지줄대는 실개천이 회돌아 나가고,
얼룩백이 황소가
해설피 금빛 게으른 울음을 우는 곳,

── 그 곳이 참하 꿈엔들 잊힐리야.

질화로에 재가 식어지면
뷔인 밭에 밤바람 소리 말을 달리고,
엷은 조름에 겨운 늙으신 아버지가
짚벼개를 돋아 고이시는 곳,

── 그 곳이 참하 꿈엔들 잊힐리야.

흙에서 자란 내 마음
파아란 하늘 빛이 그립어
함부로 쏜 활살을 찾으려
풀섶 이슬에 함추름 휘적시든 곳,

── 그 곳이 참하 꿈엔들 잊힐리야.

전설(傳說)바다에 춤추는 밤물결 같은
검은 귀밑머리 날리는 어린 누의와
아무러치도 않고 여쁠것도 없는
사철 발벗은 안해가
따가운 해ㅅ살을 등에 지고 이삭 줏던 곳,

── 그 곳이 참하 꿈엔들 잊힐리야.

하늘에는 석근 별
알 수도 없는 모래성으로 발을 옮기고,
서리 까마귀 우지짖고 지나가는 초라한 집웅,
흐릿한 불빛에 돌아 앉어 도란 도란거리는 곳,

── 그 곳이 참하 꿈엔들 잊힐리야.

고향집 - 만주에서 부른

윤동주

헌 짚신짝 끄을고
나 여기 왜 왔노
두만강을 건너서
쓸쓸한 이 땅에

남쪽 하늘 저 밑에
따뜻한 내 고향
내 어머니 계신 곳
그리운 고향 집

벌레 우는 소리

이장희

밤마다 울던 저 벌레는
오늘도 마루 밑에서 울고 있네

저녁에 빛나는 냇물같이
벌레 우는 소리는 차고도 쓸쓸하여라

밤마다 마루 밑에서 우는 벌레소리에
내 마음 한없이 이끌리나니

중추명월에
다다미 위에 비친
솔 그림자여

明月(めいげつ)や畳(たたみ)の上に松の影

다카라이 기카쿠

가을밤

이병각

뉘우침이여
벼개를 적신다.

달이 밝다.

뱃쟁이 우름에 맞추어
가을밤이 발버등친다.

새로워질 수 없는 래력이거던
나달아 빨리 늙어라.

거리에서

윤동주

달밤의 거리
광풍(狂風)이 휘날리는
북국(北國)의 거리
도시(都市)의 진주(眞珠)
전등(電燈)밑을 헤엄치는
조그만 인어(人魚) 나,
달과 전등에 비쳐
한몸에 둘셋의 그림자,
커졌다 작아졌다.

괴로움의 거리
회색(灰色)빛 밤거리를
걷고 있는 이 마음
선풍(旋風)이 일고 있네
외로우면서도
한 갈피 두 갈피
피어나는 마음의 그림자,
푸른 공상(空想)이
높아졌다 낮아졌다.

사개 틀린 고풍의 툇마루에

김영랑

사개 틀린 고풍의 툇마루에 없는 듯이 앉아
아직 떠오를 기척도 없는 달을 기다린다
아무런 생각없이
아무런 뜻없이

이제 저 감나무 그림자가
사뿐 한 치씩 옮아오고
이 마루 위에 빛깔의 방석이
보시시 깔리우면

나는 내 하나인 외론 벗
가냘픈 내 그림자와
말없이 몸짓 없이 서로 맞대고 있으려니
이 밤 옮기는 발짓이나 들려오리라

나의 집

김소월

들가에 떨어져 나가 앉은 메 기슭의
넓은 바다의 물가 뒤에,
나는 지으리, 나의 집을,
다시금 큰길을 앞에다 두고.
길로 지나가는 그 사람들은
제각금 떨어져서 혼자 가는 길.
하이얀 여울턱에 날은 저물 때.
나는 문간에 서서 기다리리
새벽 새가 울며 지새는 그늘로
세상은 희게, 또는 고요하게,
번쩍이며 오는 아침부터,
지나가는 길손을 눈여겨 보며,
그대인가고, 그대인가고.

어떤 일이나 마음에 간직하고 숨기는데도
어찌하여 눈물이 먼저 알아차릴까

何事も心に込めて忍ぶるを
いかで涙のまづ知りぬらん

이즈미 시키부

오—매 단풍 들것네

김영랑

'오매 단풍 들 것네'
장광에 골불은 감닙 날러오아
누이는 놀란 듯이 치어다보며
'오매 단풍 들 것네'

추석이 내일모레 기둘리니
바람이 자지어서 걱정이리
누이의 마음아 나를 보아라
'오매 단풍 들 것네'

한동안 너를

고석규

한동안 너를 기다리며
목이 마르고 가슴이 쓰렸다.

가을의 처량한 달빛이
너를 기다리던 혼(魂)을 앗아가고

형적없는 내 그림자
바람에 떴다.

한동안 너를 품에 안은 일은
그 따스한 불꽃이 스며

하염없이 날음치던
우리들 자리가 화려하던 무렵

그리다 그날은 저물어 버려
우리는 솔솔이 눈물을 안고

가슴이 까맣게 닫히는 문에
한동안 우리끼리 잊어야 하는 것을.

달을 잡고

허민

창에 비친 달
그대가 남기고 간 웃음인가
밝았다 기우는 설움 버릴 곳 없어

눈을 감아도
그대는 가슴속에 나타나고
버리려 달 쳐다보면 눈물이 흘러

변함이 없을
그대 맘 저 달 아래 맹서 든 때
그 일은 풀 아래 우는 벌레 소린지

The Fish Market, Dieppe: Grey Weather, Morning 1902

Orchard in Bloom 1872

Route de Versailles, Rocquencourt 1871

A Corner of the Garden at the Hermitage, Pontoise 1877

Sunset at Éragny 1890

Pommiers et faneuses, Éragny 1895

The Bather 1895

Bouquet of Pink Peonies 1873

Still Life Apples and Pears in a Round Basket 1872

Two Women Chatting by the Sea, St. Thomas 1856

Entrance to the Village of Voisins, Yvelines 1872

The Pont Neuf 1902

The Garden of the Tuileries on a Spring Morning 1899

Sunrise on the Sea 1883

Road in a Forest 1859

Apple Picking 1886

The Hay Cart, Montfoucault 1879

Self-portrait 1890

Girl with a Stick 1881

Chrysanthemums in a Chinese Vase 1873

Hay Harvest at Éragny 1901

Two Young Peasant Women

Bath Road, London 1897

Houses at Bougival, Autumn 1870

Peasant Woman and Child Returning 1881

Rue Saint Honore, Afternoon, Rain Effect 1897

The Mill at La Roche Goyon

The Marne at Chennevieres 1864-1865

Lavoir et moulin d´Osny 1884

Jalais Hill, Pontoise 1867

Giverny

The Côte des Bœufs at L'Hermitage 1877

Landscape 1890

Young Peasant at Her Toilette 1888

View of Berneval 1900

Poultry Market at Gisors 1885

The Boulevard Montmartre at Night, 1897

Landscape at Varengeville 1899

Ants' Houses, Éragny 1887

Portrait of Jeanne Pissarro, called Minette 1872

The Seine at Bougival 1870

Portrait of Felix Pissarro 1881

Hyde Park, London, 1890

Autumn, Poplars, Éragny 1894

Félix Pissarro lisant (PD 988) 1893

Portrait of Jeanne 1872

Jeanne Reading 1899

June morning at Pontoise 1873

9월의 화가와 시인 이야기

풍경 속 빛을 따라,
카미유 피사로 이야기

카미유 피사로

카미유 피사로는 1830년 7월 10일, 카리브해의 작은 섬 세인트토머스에서 태어났다. 프랑스계 유대인 가정에서 자란 그는 부유한 철물점 주인의 아들로, 비교적 안정된 환경 속에서 성장했다. 피사로는 어린 시절부터 섬의 이국적인 풍경과 빛에 매료되었으며, 자연에 대한 깊은 애정을 키웠다.
이후 프랑스 파리 외곽의 기숙학교에서 교육을 받았으며, 이 시기에 예술에 대한 관심을 본격적으로 키우게 된다. 하지만 당시 가족들은 피사로의 예술가로서의 열망을 탐탁지 않게 여겼고, 피사로는 다시 세인트토머스로 돌아가 아버지의 사업을 도우며 틈틈이 자신의 재능을 갈고 닦았다.

도시보다는 시골의 삶과 노동하는 민중의 모습을 사랑한 피사로는 인상주의를 넘어 후기 인상주의, 그리고 현대 회화의 발전에도 큰 자취를 남겼다. 그의 유년기와 초창기 경험은 자연과 삶의 리듬을 포착하는 특유의 화풍에 깊은 영향을 끼쳤으며, 평생에 걸쳐 일상의 진실한 아름다움을 추구하는 작가로 살아가게 했다.

자연주의와 바르비종파의 영향을 받다

카미유 피사로의 초기 작품은 1850년대 후반부터 1870년대 초까지의 시기로, 자연주의와 바르비종파의 영향을 강하게 받았다. 처음에는 장 밥티스트 카미유 코로(Jean Baptiste Camille Corot)와 샤를 프랑수아 도비니(Charles-Francois Daubigny)의 영향을 받아 부드럽고 온화한 색조의 농촌 풍경을 주로 그렸다. 그러나 야외에서 직접 빛과 공기를 포착하는 회화 방식에 관심을 가지면서 점차 아카데믹한 전통에서 벗어나기 시작했다.

1860년대 후반, 퐁투아즈와 루이아라르 일대에서 농부와 마을 풍경을 그리며 계절과 대기의 변화를 세밀하게 관찰했다. 이 시기에 피사로는 클로드 모네, 르누아르, 시슬레 같은 화가들과 교류하며 짧고 경쾌한 붓질과 밝은 팔레트를 실험했다.

피사로의 초기 대표작으로는 〈농장 앞의 당나귀, 몽모랑시(Donkey in Front of a Farm, Montmorency)〉(1859), 〈퐁투아즈의 잘레 언덕(Jalais Hill, Pontoise)〉(1867) 등이 있으며 빛의 순간적인 인상을 포착하려는 시도가 두드러진다.

피사로는 전통과 단절하기보다 점진적으로 한계를 넓혀가며 화풍을 발전시켰다. 이러한 초기 시기의 실험과 교류는 그가 인상주의의 핵심 멤버로 자리 잡고, 나아가 신인상주의와 점묘법을 수용하는 토대가 되었다.

Donkey in Front of a Farm, Montmorency 1859

The Road to Versailles at Louveciennes 1869

The Banks of the Oise near Pontoise 1873

인상주의적 색채와 빛의 표현

카미유 피사로의 중기 작품 활동은 1870년대 중반부터 1880년대 후반까지로, 이 시기 그는 본격적으로 인상주의 화가들과 함께 활동하며 새로운 화풍을 실험했고, 빛과 대기의 순간적 변화를 포착하려 했다. 피사로는 퐁투아즈, 루베시엔느, 오베르 쉬르 우아즈 등 프랑스 근교의 농촌 풍경과 마을을 소재로, 계절과 자연의 변화를 세밀하게 관찰하여 작품에 담았다.

피사로의 중기 대표작으로는 〈퐁투아즈 근처의 겨울 풍경(Winter Landscape near Pontoise)〉(1875), 〈라 바렌느 생일레르의 여름 풍경(Summer Landscape at La Varenne-Saint-Hilaire)〉(1876) 등이 있으며, 인상주의적 색채와 빛의 표현이 점차 뚜렷하게 나타난다.

피사로는 전통적인 자연주의와 사실주의에서 완전히 벗어나지는 않았지만, 점진적으로 화풍을 확장하며 인상주의 핵심 멤버로 자리 잡는 기반을 마련하였다. 이러한 중기 작품 활동은 이후 신인상주의와 점묘법을 수용하는 과정에서도 중요한 토대가 되었다.

Red Roofs, Corner of a Village, Winter 1877

Picking Peas 1880

Snow Effect in Montfoucault 1882

빛과 대기를 관찰하는
농촌과 일상의 기록자

피사로의 작품에서 가장 두드러지는 특징은 '빛과 대기의 관찰'이다. 그는 사물을 단순한 형태로 그리지 않고, 그 순간의 빛, 날씨에 따라 달라지는 풍경의 변화를 세심하게 포착했다. 이를 위해 짧고 분절된 붓터치로 색을 겹겹이 쌓아 올려, 물리적 형태보다 시각적 인상을 전달하는 데 집중했다. 피사로에게 빛은 회화를 살아 숨 쉬게 하는 본질이었으며, 이 빛을 표현하는 방식이 그의 화풍을 규정했다.

또 하나의 핵심은 '농촌과 일상의 기록자'로서의 시선이다. 피사로는 도시의 화려함보다 시골 마을, 밭에서 일하는 농부, 계절의 변화 같은 소박한 장면을 주제로 삼았다. 그의 화폭 속 인물과 풍경은 과장 없이 묘사되며, 인간과 자연이 조화를 이루는 평화로운 분위기를 전달한다.

또한 피사로는 구도의 안정성과 색채의 조화를 중시했다. 복잡한 구성을 피하고, 시선이 부드럽게 흐르도록 화면을 배치하며, 서로 어울리는 색을 사용해 차분한 인상을 준다. 후기에는 신인상주의의 점묘법을 연구하며 색채 표현을 과학적으로 실험했지만, 그 안에서도 따뜻하고 인도적인 시선은 변함이 없었다.

카미유 피사로의 예술은 한 시대의 유행을 좇기보다, 평생에 걸쳐 인간과 자연의 진솔한 관계를 탐구한 시각적 일기였다. "나는 농부의 친구로 남고 싶다."라는 신념처럼, 그는 작품을 통해 삶의 본질과 자연의 아름다움을 담담히 전했다.

In the Woods 1864

Summer Landscape, Éragny 1887, 1902

Fields 1877

The House in the Forest 1875

점으로 풍경을 그리다
후기 피사로의 미학

카미유 피사로는 점차 인상주의와 신인상주의의 경계 위에서 새로운 표현을 모색했다. 작품 활동 후기에 그는 점묘법을 본격적으로 실험하며, 농촌 풍경과 도시의 변화함을 모두 섬세한 색점으로 재해석했다. 〈루앙의 흐린 날 아침(Morning, An Overcast Day, Rouen)〉(1896), 〈르아브르 항구(The Port of Le Havre)〉(1903)에서는 빛의 각도와 시간에 따른 색채 변화를 집요하게 관찰했고, 이를 캔버스 위에서 부드럽게 녹여냈다.

한편 〈에라니의 가을 아침(Autumn morning at Éragny)〉(1897)과 〈에라니의 봄날(Spring at Éragny)〉(1900) 같은 작품에서는 시골의 고요와 계절의 순환이 한층 명확하게 드러나, 그의 평생 주제였던 자연과 인간의 조화가 정점에 이르렀다.

후기 피사로는 도시 풍경에서도 독창적인 시선을 유지했다. 〈세인트라자르 역(Gare St. Lazare)〉(1893), 〈겨울 아침의 몽마르트르 대로(The Boulevard Montmartre on a Winter Morning)〉(1897) 등의 작품에서는 파리의 거리와 광장을 높은 시점에서 내려다보며, 인파의 움직임과 대기의 변화까지 세밀하게 포착했다. 또한 화려함과 일상성이 공존하는 도시의 공기를 점묘법과 자유로운 붓질로 표현하여 생생한 리듬감을 부여했다. 이 시기의 피사로는 농촌과 도시를 넘나드는 폭넓은 주제 의식, 그리고 빛과 색에 대한 끊임없는 탐구를 통해, 삶과 예술의 경계를 허물며 그 위상을 확고히 했다.

Morning, an Overcast Day, Rouen 1896

Spring at Éragny 1900

The Boulevard Montmartre on a Winter Morning 1897

Gare St. Lazare 1893

시대를 관통한 온화한 시선,
인상주의의 원로로 남다

카미유 피사로는 1903년 11월 13일 프랑스 파리에서 생을 마감했다. 말년의 그는 안질로 인해 야외 작업이 어려워졌으나, 창가와 실내에서 바라본 도시와 마을의 풍경을 꾸준히 그리며 예술적 열정을 이어갔다. 특히 루앙, 파리, 르아브르 등의 도시 풍경 연작에서 그는 빛과 공기의 변화, 그리고 계절의 리듬을 섬세하게 담아냈다. 점묘법과 인상주의 기법을 유연하게 결합한 작품들은, 기교를 넘어 인간적인 온기와 사색의 깊이를 지닌 화폭으로 완성되었다.

피사로는 평생 '진정한 예술은 삶과 사람을 향한 따뜻한 이해에서 비롯된다'는 신념을 실천하며, 젊은 화가들에게 끊임없이 조언과 격려를 아끼지 않았다. 미술사 속에서 그는 인상주의와 신인상주의를 잇는 다리이자, 공동체적 예술 정신의 상징으로 자리 잡았다. 그의 작품과 삶은 오늘날까지도 '빛과 색채 속에 깃든 인간애'의 가치를 전하며, 보는 이에게 조용하지만 깊은 울림을 남긴다.

Self Portrait 1903

The Pont Neuf, Snow 1902

The Fishmarket, Dieppe 2 1902

The inner Harbor, Havre 1903

The Pont du Carrousel, Afternoon 1903

9월의 시인들

강경애

고석규

김명순

김소월

김영랑

박용철

백석

윤동주

이장희

이병각

장정심

정지용

허민

라이너 마리아 릴케

프랑시스 잠

디카라이 기카쿠

오시마 료타

이즈미 시키부

강경애

姜敬愛. 1906~1944. 1930년대 식민지 조선의 현실과 여성 문제를 소설로 형상화한 대표적인 여성 작가이자 사회주의 리얼리즘 문학의 선구자. 1906년 4월 20일 함경북도 회령에서 태어났다. 정규 교육은 초등 교육에 그쳤으나, 독학으로 지식을 쌓고 문학 활동을 시작했다. 1924년 《조선문단》에 단편소설 「파금(破琴)」을 발표하며 문단에 데뷔했고, 이후 《조선일보》, 《동아일보》, 《삼천리》, 《신여자》 등 각종 매체에 꾸준히 작품을 발표했다. 대표작으로는 식민지 하층 여성의 삶을 그린 장편소설 『인간문제』(1934), 농촌 계몽의 이상과 좌절을 다룬 『어머니와 딸』(1931), 노동자의 고된 현실을 묘사한 단편소설 「지하촌」(1936) 등이 있으며, 이를 통해 그녀는 현실 참여적 작가로서 확고한 위치를 점하게 되었다. 1930년대 들어 강경애는 카프 계열의 문학운동과도 일정한 연대를 보이며 사회주의적 사상과 페미니즘을 접목한 독특한 작풍을 선보였다. 여성의 몸과 성, 계급 문제를 날카롭게 천착한 그녀의 문학은 시대의 모순을 통렬히 고발하는 동시에 여성 주체의 목소리를 형상화하는 데 기여했다. 하지만 일제의 감시와 통제로 인해 작품 활동과 생계 모두 어려움을 겪었고, 1944년 폐결핵으로 요절했다. 그녀는 단편적인 생애 속에서도 식민지 조선 여성 문학의 기념비적인 존재로 남아 있으며, 오늘날까지도 리얼리즘 여성 작가로서 높이 평가받고 있다.

고석규

高錫圭. 1932~1958. 시인이자 문학평론가. 함경남도 함흥 출생. 의사 고원식(高元植)의 외아들이다. 함흥에서 고등학교를 마치고 월남하여 6·25전쟁 때 자진입대했다. 부산대학교 문리과대학 국문학과를 거쳐 같은 대학원을 졸업하고, 강사로 있었다. 시인으로서의 그는 1953년부터 다양한 작품 활동을 펼쳤다. 「매혼」「영상」「울음」「침윤」「길」등의 작품에서 보이는 감각적 이미지와 내면의식은 1950년대 한국 시의 변화 흐름을 보여주는 중요한 단서로 평가된다. 동시에 그는 문예지《신작품》《시조》《시연구》등을 중심으로 동료 시인들과 동인 활동을 활발히 이어갔으며, 시 창작뿐 아니라 평론 활동에도 남다른 열정을 보였다. 특히 1953년에 발표한 평론「윤동주의 정신적 소묘」는 윤동주의 시세계를 '일제 암흑기 속 실존적 몸부림'으로 해석하며 이후 윤동주 연구의 출발점으로 자리잡았다. 평론집『초극』(1954)을 비롯해 「지평선의 전달」「현대시의 전개」「시인의 역설」「시적 상상력」 등의 글에서도 그는 시와 현실, 사상과 형이상학의 관계를 깊이 있게 탐구했다. 하지만 문학에 대한 지나친 열정과 과로로 인해 그는 1958년, 26세에 심장마비로 생을 마감했다. 비록 짧은 생애였지만 고석규는 시와 평론 양면에서 뚜렷한 자취를 남긴, 전후 한국문학사의 중요한 인물로 기억된다.

김명순

金明淳. 1896~1951. 우리나라 최초의 여성 소설가다. 1896년 평안남도 평양에서 태어났다. 아버지는 명문이며 부호인 김가산이고, 어머니는 그의 소실이었다. 그러나 어린 나이에 부모를 여의고 고아로 자랐다. 1911년 서울에 있는 진명여학교를 다녔고 동경에 유학하여 공부하기도 했다. 그녀는 봉건적인 가부장적 제도에 환멸을 느끼게 되며 이는 그녀의 이후 삶과 작품에 지대한 영향을 미치게 된다. 전통적인 남녀 간의 모순적 관계를 극복하는 새로운 연애를 갈망했으며 남과 여의 주체적인 관계만이 올바르다고 생각했다.

이 시기에 《청춘》의 현상문예에 단편소설「의심의 소녀」가 당선되어 문단에 데뷔하였다. 「의심의 소녀」는 전통적인 남녀관계에서 결혼으로 발생하는 비극적인 여성의 최후를 그려내는 작품이며 이 작품을 통해 여성해방을 위한 저항정신을 표현하였다.

그 후에 탄실(彈實) 또는 망양초(望洋草)라는 필명으로 단편소설「칠면조(七面鳥)」(1921)「돌아다볼 때」(1924)「탄실이와 주영이」(1924)「꿈 묻는 날 밤」(1925)과 시「동경(憧憬)」「옛날의 노래여」「창궁(蒼穹)」「거룩한 노래」 등을 발표했다. 1925년에는 시집『생명의 과실(果實)』을 출간하며 주목을 받고 활발한 활동을 보였으나, 그 후 일본 동경에 가서 작품도 쓰지 못하고 가난에 시달리다 복잡한 연애 사건으로 정신병에 걸려 사망했으며 그녀의 죽음에 관해서는 정확하게 알려진 내용이 없다. 김동인(金東仁)의 소설 『김연실전』의 실제 모델로 알려진 개화기의 신여성이다.

김소월

金素月. 1902~1934. 일제강점기에 활동한 시인이다. 본명은 김정식(金廷湜)이지만, 호인 소월(素月)로 더 널리 알려져 있다. 본관은 공주(公州)이며, 평안북도 구성군에서 태어나 아버지의 고향인 평안북도 정주군에서 자랐다. 1915년 평안북도 청주군의 오산학교(五山學校) 중학부에 진학했으며 그곳에서 시적 스  승 김억과 사상적 스승 조만식을 만나게 된다. 1916년, 14세의 어린 나이에 할아버지의 주선으로 홍단실과 결혼했지만, 그 시기에 오산학교에서 만난 오순과 교제하게 된다. 오순과 김소월의 인연은 오순이 결혼하면서 끊어지게 되었고, 오순은 남편의 학대로 인해 22세에 사망했다고 한다. 일련의 일들을 겪으며 김소월은 이루어지지 못한 사랑에 대한 많은 시를 남겼고, 김소월의 대표적인 서정시로 자리잡았다.

1923년 일본의 도쿄상과대학(오늘날 히토쓰바시대학)으로 유학을 갔지만, 관동 대지진과 한국인 학살 사건 등으로 인해 대학을 중퇴하고 돌아오게 된다. 경성에 머무는 동안 김소월은 소설가 나도향과 친분을 쌓았으며, 고향으로 돌아오기 직전 1925년에는 스승 김억의 도움으로 시집 『진달래꽃』을 자비 출판했다. 이 시집은 김소월의 유일한 시집이 되었다.

고향으로 돌아온 김소월은 돈을 벌기 위해 할아버지의 광산 경영을 돕

기도 하고, 광산이 망하자 《동아일보》 지국을 여는 등 애썼으나 일제의 방해 등으로 인해 문을 닫았다. 이후 빈곤에 시달리던 김소월은 술에 의지했으며, 1934년 12월 24일 평안북도 곽산 자택에서 33세 나이에 음독자살했다. 그는 서구 문학이 범람하던 시대에 민족 고유의 정서를 노래한 시인이라고 평가받고 서정적인 시로 오늘날까지도 많은 사랑을 받고 있다.

김소월은 서구 문학이 범람하던 시대 속에서 민족 고유의 정서를 노래한 시인으로 평가받으며, 서정적인 시를 통해 오늘날까지도 많은 사랑을 받고 있다. 1920년 시 「낭인의 봄」으로 작품 활동을 시작한 김소월은 「진달래꽃」 「금잔디」 「엄마야 누나야」 「산유화」 등을 비롯해 많은 명시를 남겼다. 한 평론가는 김소월을 '그 왕성한 창작적 의욕과 전통적 가치를 고려할 때, 1920년대의 천재적인 시인'이라고 평가하기도 했다.

김영랑

金永郎. 1903~1950. 시인이자 독립운동가다. 본관은 김해(金海). 본명은 김윤식(金允植). 영랑은 아호인데《시문학》에 작품을 발표하면서부터 사용하기 시작했다. 1903년 전라남도 강진에서 태어났다. 강진보통학교를 졸업  한 후 1917년 휘문의숙에 입학했지만 1919년 3·1운동 때 학교를 그만두고 강진에서 만세운동을 벌일 계획을 세우다 체포되었다. 징역 1년 형을 받고 투옥되었지만, 실제 만세운동을 벌이지 않았다는 이유로 무죄를 선고받았다. 이후 1920년 일본 유학길에 올라 아오야마학원에서 영문학을 공부했다. 일본에서 유학하며 아나키스트이자 사회운동가인 박열과 교류했다. 1923년 관동 대지진이 일어나면서 학업을 중단하고 귀국했다.

1930년 정지용, 박용철 등과 함께《시문학》동인에 가입하며 본격적인 작품 활동을 시작했다. 초기 시는 1935년 박용철에 의하여 발간된『영랑시집』초판의 수록시편들이 해당되는데, 여기서는 자연에 대한 깊은 애정이나 인생을 바라보는 태도에서의 역정(逆情)·회의 같은 것은 찾아볼 수 없다. '슬픔'이나 '눈물'의 용어가 수없이 반복되면서 그 비애의식은 영탄이나 감상에 기울지 않고, '마음'의 내부로 향하며 정감의 극치를 이루고 있다. 김영랑의 초기 시는 같은 시문학동인인 정지용 시의 감각적 기교와 더불어 그 시대 한국 순수시의 극치를 보여주고 있다.

김영랑은 특히 서정시의 대표적인 시인으로, 감성적이고 아름다운 언어로 민족적 정서를 표현하는 데 집중했다. 그의 시에는 자연과 인간, 사랑과 이별, 그리고 고향에 대한 향수가 깊이 묻어난다. 대표적인 작품으로는 「모란이 피기까지는」 「나그네」 「춘원」 「별」 「시인의 시」 등이 있다. 특히 「모란이 피기까지는」은 김영랑의 대표적인 시로, 사랑과 기다림, 그리고 삶에 대한 깊은 성찰이 녹아 있는 작품이다.

김영랑은 문학적인 성향상, 전통적인 한국 시의 양식을 고수하면서도, 그 안에 근대적 감각을 녹여내고자 했다. 그는 민족의 정서를 현대적이고 미학적인 방식으로 풀어내는 데 집중했다. 이러한 특성 덕분에 김영랑은 한국 문학사에서 중요한 역할을 하게 되었다.

1940년을 전후하여 민족항일기 말기에 발표된 「거문고」 「독(毒)을 차고」 「망각(忘却)」 「묘비명(墓碑銘)」 등의 후기 시에서는 그 형태적인 변모와 함께 인생에 대한 깊은 회의와 '죽음'의 의식이 나타나 있다.

김영랑은 1950년 한국전쟁 당시 서울에서 포탄 파편에 맞아 48세에 사망했다.

박용철

朴龍喆. 1904~1938. 시인이자 문학평론가, 번역가 등으로 활동했다. 전라남도 광산군 (현 광주광역시 광산구)에서 출생하였다. 배재고등보통학교를 거쳐 일본 도쿄 아오야마 학원(靑山學園)과 연희전문에서 수학했다. 일본 유학 중 시인 김영랑과 교류하며 1930년《시문학》을 함께 창간해 등단했다. 1931년《월간문학》, 1934년《문학》등을 창간해 순수문학 계열로 활동했다. "나 두 야 간다/나의 이 젊은 나이를/눈물로야 보낼거냐/나 두 야 가련다"로 시작되는 대표작 「떠나가는 배」 등 시작품은 초기작이고, 이후로는 주로 극예술연구회의 회원으로 활동하며 해외 시와 희곡을 번역하고 평론을 발표하는 방향으로 관심을 돌렸다.

1938년 결핵으로 사망해 자신의 작품집은 생전에 내보지 못했다. 사망 1년 후『박용철 전집』이 시문학사에서 간행됐다. 전집의 전체 내용 중 번역이 차지하는 부분이 절반이 넘어, 박용철의 번역 문학에 대한 관심을 알 수 있다. 괴테, 하이네, 릴케 등 독일 시인의 시가 많았다. 번역 희곡으로는 셰익스피어의『베니스의 상인』, 헨리크 입센의『인형의 집』 등이 있다. 극예술연구회 회원으로 활동하며 번역한 작품들이다.

박용철은 1930년대 문단에서 임화와 조선프롤레타리아예술가동맹으로 대표되는 경향파 리얼리즘 문학, 김기림으로 대표되는 모더니즘 문학과 대립해 순수문학이라는 흐름을 이끌었다. 김영랑, 정지용, 신석정, 이하윤 등이 같은 시문학파들이다.

박용철의 시는 김영랑이나 정지용과 비교해 시어가 맑거나 밝지는 않은 대신, 서정시의 바탕에 사상성이나 민족의식이 깔려 그들의 시에서는 없는 특색이라는 평가가 있다. 그는 릴케와 키에르케고르의 영향을 받아 회의·모색·상징 등이 주조를 이룬다.

광주에 생가가 보존돼 있고 광주공원에는 「떠나가는 배」가 새겨진 시비도 건립되어 있다. 광주광역시 광산구에서는 매년 용아예술제를 열고 있다.

백석

白石. 1912~1996. 일제 강점기와 조선 민주주의인민공화국의 시인이자 소설가, 번역문학가이다. 본명은 백기행(白夔行)이며 본관은 수원(水原)이다. '白石(백석)'과 '白奭(백석)'이라는 아호(雅號)가 있었으나, 작품에서는 거의 '白石(백석)'을 쓰고 있다.

평안북도 정주(定州) 출신. 오산고등보통학교를 마친 후, 일본에서 1934년 아

오야마학원 전문부 영어사범과를 졸업하였다. 부친 백용삼과 모친 이봉우 사이의 3남 1녀 중 장남으로 출생했다. 부친은 우리나라 사진계의 초기인물로《조선일보》의 사진반장을 지냈다. 모친 이봉우는 단양군수를 역임한 이양실의 딸로 소문에 의하면 기생 내지는 무당의 딸로 알려져 백석의 혼사에 결정적인 지장을 줄 정도로 당시로서는 심한 천대를 받던 천출의 소생으로 알려져 있다. 1930년《조선일보》신년현상 문예에 1등으로 당선된 단편소설「그 모(母)와 아들」로 등단했고, 몇 편의 산문과 번역소설을 내며 작가와 번역가로서 활동했다. 실제로는 시작(時作) 활동에 주력했으며, 1936년 1월 20일에는 그간《조선일보》와《조광(朝光)》에 발표한 7편의 시에, 새로 26편의 시를 더해 시집『사슴』을 자비로 100권 출간했다. 이 무렵 기생 김진향을 만나 사랑에 빠졌고 이때 그녀에게 '자야(子夜)'라는 아호를 지어주었다. 이후 1948년《학풍

(學風)》창간호(10월호)에 「남신의주 유동 박시봉방(南新義州 柳洞 朴時逢方)」을 내놓기까지 60여 편의 시를 여러 잡지와 신문, 시선집 등에 발표했으나, 분단 이후 북한에서의 활동은 정확히 알려진 것이 없다. 백석은 자신이 태어난 마을과 마을 사람들 그리고 주변 자연을 대상으로 시를 썼다. 작품에는 평안도 방언을 비롯하여 여러 지방의 사투리와 고어를 사용했으며 소박한 생활 모습과 철학적 단면이 시에 잘 드러나 있다. 그의 시는 한민족의 공동체적 친근감에 기반을 두었고 작품의 도처에는 고향의 부재에 대한 상실감이 담겨 있다.

윤동주

尹東柱. 1917~1945. 일제강점기의 저항(항일) 시인이자 독립운동가다. 아명은 해환(海煥). 만주 북간도의 명동촌에서 태어났으며, 기독교인인 할아버지의 영향을 받았다. 1931년(14세)에 명동소학교를 졸업하고, 한때 중국인 관립학교인 대랍자(大拉子)소학교를 다니다 가족이 용정으로 이사하자 용정에 있는 은진중학교에 입학했다.

1935년에 평양의 숭실중학교로 전학하였으나, 학교에 신사참배 문제가 발생하여 폐쇄당하고 말았다. 다시 용정에 있는 광명학원의 중학부로 편입하여 거기서 졸업했다. 1941년에는 서울의 연희전문학교 문과를 졸업하고, 일본으로 건너가 도쿄에 있는 릿쿄 대학 영문과에 입학했다가, 다시 1942년, 도시샤 대학 영문과로 옮겼다. 1943년 7월 학업 도중 귀향하려던 시점에 항일운동을 했다는 혐의로 일본 경찰에 체포되어 2년 형을 선고받고 후쿠오카 형무소에서 복역했다. 그러나 복역 중 건강이 악화되어 1945년 2월에 생을 마감하고 말았다. 유해는 그의 고향 용정에 묻혔다. 한편, 그의 죽음에 관해서는 옥중에서 정체를 알 수 없는 주사를 정기적으로 맞은 결과이며, 이는 일제의 생체실험의 일환이었다는 주장도 제기되고 있다.

15세부터 시를 쓰기 시작하여 첫 작품으로 「삶과 죽음」「초한대」를 썼다. 발표 작품으로는 만주 연길에서 발간된 잡지 《가톨릭 소년》에 실린 동시 「병아리」(1936. 11) 「빗자루」(1936. 12) 「오줌싸개 지도」(1937. 1) 「무얼 먹구사나」(1937. 3) 「거짓부리」(1937. 10) 등이 있다. 연희전문학교 시절 작품으로는 《조선일보》에 발표한 산문 「달을 쏘다」, 교지 《문우》에 게재된 「자화상」 「새로운 길」이 있다. 그의 유작인 「쉽게 쓰여진 시」는 사후인 1946년 《경향신문》에 게재되기도 했다.

윤동주의 대표작으로는 「서시」 「별 헤는 밤」 「자화상」 등이 있으며, 그 중에서도 「서시」는 그의 철학적이고 민족적 고뇌를 잘 나타낸 작품으로, 현재까지도 많은 사람들이 기억하는 명작으로 꼽힌다. 이 시는 자기 자신을 고백하는 형식으로 시작되며, 일제의 압박 속에서 자아를 찾고자 하는 고독한 내면의 목소리를 담고 있다.

윤동주의 절정기에 쓰인 작품들을 1941년 연희전문학교를 졸업하던 해에 '하늘과 바람과 별과 시'라는 제목으로 발간하려 하였으나 뜻을 이루지 못했다. 그의 자필 유작 3부와 다른 작품들을 모아 친구 정병욱과 동생 윤일주가, 사후에 그의 뜻대로 1948년, 『하늘과 바람과 별과 시』라는 제목으로 출간했다. 29년의 짧은 생애를 살았지만 특유의 감수성과 삶에 대한 고뇌, 독립에 대한 소망이 서려 있는 작품들로 인해 대한민국 문학사에 길이 남은 전설적인 문인이다. 2017년 12월 30일, 탄생 100주년을 맞이했다.

이장희

李章熙. 1900~1929. 일제강점기의 시인이다. 본명은 이양희(李樑熙), 아호는 고월(古月). 1900년 경상북도 대구에서 태어났다. 대구보통학교와 일본교토중학교를 졸업했다. 1920년에 이장희(李樟熙)로 개명하였으나 필명으로 장희(章熙)를 사용한 것이 본명처럼 되었다. 문단의 교우 관계는 양주동·유엽·김영진·오상순·백기만·이상화 등 극
히 제한되어 있었다. 이장희의 아버지는 조선총독부 중추원의 참의로서 일본인들과의 교류가 활발했다. 이장희에게 통역을 맡기려고 하거나 총독부 관리로 취직하라고 권유했지만 이장희는 그 말들을 한 번도 따르지 않고 모두 거부했다. 이후 이장희의 아버지도 이장희를 버린 자식으로 취급했으며, 이장희는 매우 가난하게 살았다. 세속적인 것을 싫어하여 고독하게 살다가 1929년 11월 대구 자택에서 음독자살했다.
1924년《금성》3월호에「실바람 지나간 뒤」「새한마리」「불놀이」「무대」「봄은 고양이로다」등 5편의 시와 톨스토이 원작의 번역소설『장구한 귀양』을 발표하면서 등단했다. 이후《신민》《생장》《여명》《신여성》《조선문단》등 잡지에「동경」「석양구」「청천의 유방」「하일소경」「봄철의 바다」등 30여 편의 작품을 발표했다. 요절하였기에 생전에 출간된 시집은 없으며, 이장희의 사후인 1951년, 백기만이 6·25 한국전쟁 중 청구출판사에서 펴낸『상화와 고월』에 시 11편만 실려 전해지다가 제

해만 편 『이장희전집』(문장사, 1982)과 김재홍 편 『이장희전집평전』(문학세계사, 1983)등 두 권의 전집에 유작이 모두 실렸다.

이장희의 전 시편에 나타난 시적 특색은 섬세한 감각과 시각적 이미지, 그리고 계절의 변화에 따른 시적 소재의 선택에 있다. 대표작 「봄은 고양이로다」는 다분히 보들레르와 같은 발상법을 바탕으로 하고 있는데 '고양이'라는 한 사물이 예리한 감각으로 조형되어 생생한 감각미를 보인다. 이 시는 작자의 순수지각(純粹知覺)에서 포착된 대상인 고양이를 통해서 봄이 주는 감각을 집약적으로 표현하고 있다. 1920년대 초반의 시단은 퇴폐주의·낭만주의·자연주의·상징주의 등 서구 문예사조에 온통 휩싸여 퇴폐성이나 감상성이 지나치게 노출되어 있었음에도 불구하고, 그의 시는 섬세한 감각과 이미지의 조형성을 보여주고 있다. 바로 뒤를 이어 활동한 정지용과 함께 한국시사에서 새로운 시적 경지를 개척했다.

이병각

李秉珏. 1910~1941. 일제강점기의 시인이다. 본관은 재령(載寧)이고, 경상북도 영양에서 태어났다. 몽구(夢駒)라는 아호로 불리었고, 호적명은 이인대(李仁大)이지만 실제 이름은 이병각이다. 1918년 안동보통학교 입학, 1924년 서울로 상경하여 중동학교에 입학했으나 1929년 광주학생사건에 연루되어 퇴학당했다. 1930년, 일본에 머무르다가 귀국해 청년운동과 민중운동을 했다. 카프가 해체된 시기인 1935년에서 1936년 사이 문단활동을 시작했고 평론, 산문, 시에 이르는 장르의 경계를 넘나들며 자유롭게 작품활동을 했다. 민태규, 윤곤강 등과 함께 낭만동인회를 조직하고 시 동인지 《낭만(浪漫)》을 발행하면서, 창간호에 시 「한강」을 발표했다. 1936년 《조선일보》에 '예술과 창조'라는 글을 기고하면서 정지용의 시에 대해 비판했다. 1937년에는 시 전문 동인지 《자오선(子午線)》 창간에 참여했으며, 1939년에는 《자오선》 창간 동인들을 주축으로 시 전문 동인지 《시학(詩學)》 창간에도 참여했다. 주로 자본주의나 제국주의를 비판하고 풍자하는 내용의 작품들을 발표했다. 하지만 이른 죽음으로 인해 그 활동 기간은 10여 년뿐이다. 현실 도피적인 성향인 데다 후두결핵으로 문단활동도 활발하게 하지 못했다. 그는 말년에 병든 몸으로 직접 한지에다 모필로 시집을 묶었는데, 그 첫 장에는 '가장 괴로운 시대에 나를 나허주신 어머님께 드리노라'라고 쓰여 있다.

장정심

張貞心. 1898~1947. 일제강점기의 시인 이자 독립운동가다. 1898년 개성에서 태어났다. 호수돈여자고등보통학교를 마치고 서울로 와서 이화학당유치사범과와 협성여자신학교를 졸업하고 감리교여자 사업부 전도사업에 종사했다.
1927년경부터 시를 쓰기 시작하여 많은 작품을 신문과 잡지에 발표했다. 기독교 계에서 운영하는 잡지《청년(靑年)》에 발표하면서부터 등단했다. 1933년 한성도서주식회사에서 간행한『주(主)의 승리(勝利)』는 그의 첫 시집으로 신앙생활을 주제로 하여 쓴 단장(短章)으로 엮었다. 1934년 경천애인사(敬天愛人社)에서 출간된 두 번째 시집『금선(琴線)』은 서정시·시조·동시 등으로 구분하여 200수 가까운 많은 작품을 수록하고 있다.
장정심의 시는 서정적이고 감성적이며, 자아의 내면과 여성적 정서를 중심으로 한 작품들이 많다. 또한, 근대화와 전쟁, 여성의 삶에 대한 고찰을 시로 풀어내며, 한국 문학에서 여성의 목소리를 더욱 선명하게 표현한 시인으로 평가된다. 독실한 신앙심을 바탕으로 한 맑고 고운 서정성의 종교시를 씀으로써 선구자적 소임을 다한 시인으로 높이 평가되고 있다.

정지용

鄭芝溶. 1902~1950. 대한민국의 대표적 서정 시인이다. 충청북도 옥천군에서 태어났다. 연못의 용이 하늘로 올라가는 태몽을 꾸었다고 하여 아명은 지룡(池龍)이라고 했다. 당시 풍습에 따라 열두 살에 송재숙과 결혼했으며, 1914년 아버지의 영향으로 로마 가톨릭에 입문하여 '방지거(方濟各, 프란치스코)'라는 세례명을 받았다. 옥천공립보통학교와 휘문고등보통
학교를 졸업했고, 일본의 도시샤대학에서 영문학을 공부했다. 1926년 《학조》창간호에「카페·프란스」를 발표하면서 등단했다.

정지용은 섬세하고 독특한 언어를 구사하며, 생생하고 선명한 대상 묘사에 특유의 빛을 발하는 시인이다. 한국현대시의 신경지를 열었다는 평가를 받고 있으며, 이상을 비롯하여 조지훈·박목월 등과 같은 청록파 시인들에게 영향을 주었다. 그는 휘문고보 재학 시절《서광》창간호에 소설『삼인』을 발표하였으며, 일본 유학시절에는 대표작이 된「향수」를 썼다. 1930년에 시문학 동인으로 본격적인 문단 활동을 했고, 구인회를 결성하고, 문장지의 추천위원으로도 활동했다. 해방 이후《경향신문》의 주간으로 일하며 대학에도 출강했는데, 이화여대에서는 라틴어와 한국어를, 서울대에서는 시경을 강의했다.

1950년 한국전쟁이 일어난 뒤에는 김기림·박영희 등과 함께 서대문형

무소에 수용되었고, 이후 납북되었다가 사망했다. 사망 장소와 시기는 정확히 확인되지 않았는데, 1953년 평양에서 사망했다고 알려져 있다. 정지용은 서정적이고 감각적인 표현, 자연과 인간의 관계, 민족적 정서와 고전적 미학을 현대적 감각으로 풀어낸 시인으로, 한국 현대 시의 큰 기초를 닦았으며, 그의 문학적 특징은 오늘날까지 많은 이에게 영향을 미쳤다. 정지용의 시에서 가장 중요한 주제 중 하나는 자연과 인간을 하나로 엮는 것이다. 그는 자연과 인간의 융합을 통해 삶의 의미와 본질을 풀어냈으며, 자연의 변화를 통해 인간의 삶에 대한 성찰과 깨달음을 표현하려 했다. 특히 그의 대표작 「향수」에서는 자연과 인간의 감정이 유기적으로 결합되어 하나의 독특한 시적 세계를 만들어냈다.

주요 저서로는 『정지용 시집』(1935) 『백록담』(1941) 『지용문학독본』(1948) 『산문』(1949) 등이 있다. 정지용의 고향 충북 옥천에서는 매년 5월에 지용제를 개최하고 있으며, 1989년부터는 시와 시학사에서 정지용문학상을 제정하여 매년 시상하고 있다.

허민

許民. 1914~1943. 일제강점기의 시인이자 소설가다. 1914년 경남 사천에서 태어났다. 본명은 허종(許宗)이고, 허민(許民)은 필명이다. 이외에도 허창호(許昌瑚), 일지(一枝), 곡천(谷泉) 등의 필명을 썼고, 법명으로 야천(野泉)이 있다. 측량기사였던 아버지가 허민 생후 삼 일째 되는 날 요절한 이후 어머니와 외조부의 슬하에서 자랐다. 1936년 12월 《매일신보》 현상 공모에 단편소설 「구룡산(九龍山)」이 당선되어 등단하였다. 시인 유엽 추천으로 1940년에 시 「야산로(夜山路)」를 《문장》에 발표하였고, 1941년에는 이태준의 추천으로 단편 「어산금(魚山琴)」을 같은 잡지에 발표하였다. 1941년 시 「해수도(海水圖)」를 《만선일보》에 발표하였다.

허민의 시는 자유시를 중심으로 시조, 민요시, 동요, 노랫말에다 성가, 합창극에까지 이르는 다양한 갈래에 걸쳐 있다. 시의 제재는 산·마을·바다·강·호롱불·주막·물귀신·산신령 등 자연과 민속에 속하며, 주제는 막연한 소년기 정서에서부터 농촌을 중심으로 민족 현실에 대한 다채로운 깨달음과 질병(폐결핵)에 맞서 싸우는 한 개인의 실존적 고독 등을 표현하고 있다.

그의 대표적인 시 「율화촌(栗花村)」은 단순한 복고취미로서의 자연 애호에서 벗어나 인정이 어우러진 안온한 농촌공동체를 형상화함으로써 시적 비전을 제시하고자 하였다.

이 외에도 소설 작품으로 「사장(射場)」 「석이(石茸)」가 있다. 아울러 동화로 「박과 호박」이 있고, 수필로 「단풍(丹楓)」이 있으며, 평론 「나의 영록기(迎綠記)」가 있다.

라이너 마리아 릴케

Rainer Maria Rilke. 1875~1926. 20세기 독일어권을 대표하는 시인이자 산문가. 본명은 르네 카를 빌헬름 요한 요제프 마리아 릴케(René Karl Wilhelm Johann Josef Maria Rilke)로, 1875년 12월 4일 오스트리아-헝가리 제국 프라하에서 태어났다. 어린 시절 군사학교에 다녔으나 중도 탈락하고, 이후 문학과 철학에 뜻을 두어 뮌헨, 베를린 등에서 수학했다.

1899년과 1900년, 러시아 여행 중 톨스토이와의 만남을 통해 종교적·예술적 사유를 심화시켰으며, 1905년부터 프랑스 조각가 오귀스트 로댕의 비서로 일하며 조형적 시 세계를 발전시켰다. 대표작으로는 산문 『말테의 수기』(1904), 시집 『두이노 비가』(1923), 『오르페우스에게 바치는 소네트』(1923) 등이 있다.

삶과 죽음, 고독과 존재를 사유한 그의 시는 형이상학적 깊이를 지니며, 언어와 예술의 본질을 탐구한 독창적인 시 세계로 평가받는다. 1926년 12월 29일 스위스 발몽에서 백혈병으로 사망하였다.

프랑시스 잠

Francis Jammes. 1868~1938. 19세기 말에서 20세기 초 프랑스 시단을 대표하는 상징주의 이후의 서정시인. 본명은 프랑시스 마리 마르탱 잠(Francis-Marie-Martin Jammes). 프랑스 남서부 피레네 산맥 인근 투르네에서 태어났다. 보들레르의 시에 매료되어 문학에 빠졌으며, 식물학과 곤충학에도 흥미를 가졌다. 1888년 대학 입학시험  에 실패하고 같은 해 아버지의 급작스러운 사망으로 큰 충격을 받아 정서적으로 불안한 시기를 보냈다. 1889년 소송 대리인 사무소에서 수습 생활을 했지만 법률에 흥미를 잃고 전원생활을 동경하게 되었으며, 이 시기 심한 신경쇠약 증세도 겪었다. 1890년부터 어머니와 함께 살며 본격적으로 시 창작에 몰두하기 시작했다. 1917년 프랑스 아카데미 문학 대상을, 1936년 오말 상을 수상했고, 1922년에는 레종 도뇌르 훈장을 거절했다. 그는 꾸준한 창작 활동을 이어가며 프랑스 시단에 깊은 영향을 남겼고, 1938년 아스파랑에서 사망했다. 주요 저작으로는 『시편』, 『시인의 탄생』, 『새벽 삼종기도에서 저녁 삼종기도까지』, 『앵초의 비탄』, 『삶의 승리』, 『하늘 속의 빈터』, 『기독교 농경시』, 『묘비명』이 있으며, 소설 『클라라 델뵈즈, 혹은 한 옛 아가씨 이야기』와 평론집 『시 강의』도 포함된다.

다카라이 기카쿠

宝井其角. 1661~1707. 에도 시대 일본의 하이카이 시인이자 마쓰오 바쇼의 제자 중 대표적 인물. 본명은 다카라이 겐자부로(宝井玄朴)이며, 1661년 에도(현 도쿄)에서 태어났다. 젊은 시절부터 하이카이에 재능을 보여 마쓰오 바쇼에게 사사하였고, 스승의 영향을 받아 자연과 일상, 인간 감정을 섬세하게 그려내는 시 세계를 발전시켰다.

바쇼 사후에는 그 정신을 계승하면서도 보다 세련되고 도시적인 감각의 하이카이를 추구하였으며, 에도 문단에서 중심적인 위치를 차지하였다. 대표작으로는 하이카이 시집 『무로의 생각(むろの思ひ出)』 등이 있으며, 간결하면서도 기지 넘치는 언어로 독창적인 시세계를 구축하였다.

1707년 에도에서 병으로 사망하였다. 문학사에서는 바쇼의 정신을 잇되, 하이카이의 도시적·세속적 감성을 개척한 인물로 평가받는다.

오시마 료타

大島蓼太. 1718~1787. 에도 중기의 하이카이 시인이자 마쓰오 바쇼의 정신을 계승한 바쇼 부흥 운동의 중심 인물. 본명은 요시카와 기헤에(吉川喜兵衛)이며, 필명은 료타(蓼太). 1718년 신슈 나가노(信州長野)에서 태어났다. 젊은 시절부터 하이카이에 깊은 관심을 보였으며, 바쇼의 시 세계에 감명받아 그의 예술 정신을 되살리는 데 일생을 바쳤다.

에도로 이주한 뒤 활발한 문학 활동을 펼치며 3천 명이 넘는 제자를 거느릴 만큼 큰 영향력을 행사했다. 하이카이를 도식화된 유희로 전락시킨 당대 경향을 비판하고, 바쇼 본래의 미의식과 수행적 정신을 회복하려 했다. 그의 시는 자연과 계절감을 섬세하게 포착하면서도 담백하고 절제된 언어가 특징이다.

1759년에는 바쇼의 하이카이를 해설한 비평서 『바쇼 정풍 문서(芭蕉翁正風聞書)』 출간을 주도하며 바쇼 부흥 운동의 이론적 기반을 다졌다. 1787년 에도에서 생을 마감하였다. 일본 하이쿠 문학사에서는 근세 하이카이의 전통을 지키며 현대 하이쿠로 이끄는 교량 역할을 한 시인으로 평가된다.

이즈미 시키부

和泉式部. 헤이안 시대 중기 일본을 대표하는 여류 시인이자 수필가. 본명은 알려져 있지 않으며, '이즈미 시키부'라는 이름은 당시 남편의 부임지였던 이즈미노쿠니(현 오사카 부 일대)와 남편이 궁중에서 쓰던 직책인 '시키부(式部)'를 조합한 이름이다.

귀족 가문 출신으로 궁중에서 시를 읊고 문학 활동에 뛰어들었으며, 특히 『이즈미 시키부 일기(和泉式部日記)』를 통해 자신의 사랑과 일상을 섬세하게 기록하였다. 뛰어난 와카(和歌, 일본 고전 시) 작가로서, 사랑과 인간 감정을 섬세하고 감각적으로 표현한 작품으로 유명하다. 그녀의 시는 헤이안 시대 문학의 정수로 평가받으며, 『고노이케가 이야기』 등 다수의 문학 작품에 인용되어 후대에 큰 영향을 끼쳤다.

여성의 정서와 사회적 위치를 다룬 서정시인으로, 일본 고전 문학사에서 중요한 위치를 차지한다.

Quai Malaquais in the Afternoon, Sunshine 1903

Autumn morning at Éragny 1897

The Port of Le Havre 1903

Springtime, Peasants in a Field 1882

열두 개의 달 시화집 플러스 九月

오늘도 가을바람은 그냥 붑니다

초판 1쇄 인쇄 2025년 8월 20일
초판 1쇄 발행 2025년 9월 1일

시인 윤동주 외 17명
화가 카미유 피사로
발행인 정수동
편집주간 이남경
편집 김유진
디자인 Yozoh Studio Mongsangso

발행처 저녁달
출판등록 2017년 1월 17일 제406-2017-000009호
주소 경기도 파주시 문발로 142 니은빌딩 304호
전화 02-599-0625
팩스 02-6442-4625
이메일 book@mongsangso.com
인스타그램 @eveningmoon_book
ISBN 979-11-89217-77-8 04800
세트 ISBN 979-11-89217-46-4 04800

*저작권법에 의해 보호를 받는 저작물이므로 무단전재와 무단복제를 금합니다.
*잘못 만들어진 책은 구입하신 서점에서 교환해드립니다.